Construyendo el carácter

Resolver conflictos

por Penelope S. Nelson

Bullfrog
en español

Ideas para padres y maestros

Bullfrog Books permite a los niños practicar la lectura de texto informativos desde el nivel principiante. Las repeticiones, palabras conocidas y descripciones en las imágenes ayudan a los lectores principiantes.

Antes de leer

- Hablen acerca de las fotografías. ¿Qué representan para ellos?
- Consulten juntos el glosario de fotografías. Lean las palabras y hablen de ellas.

Durante la lectura

- Hojeen el libro y observen las fotografías. Deje que el niño haga preguntas. Muestre las descripciones en las imágenes.
- Léale el libro al niño o deje que él o ella lo lea independientemente.

Después de leer

- Anime al niño para que piense más. Pregúntele: ¿Puedes recordar algún momento en que resolviste un conflicto? ¿Cuál era el conflicto? ¿Cómo ayudaste a resolverlo?

Bullfrog Books are published by Jump!
5357 Penn Avenue South
Minneapolis, MN 55419
www.jumplibrary.com

Library of Congress Cataloging-in-Publication Data is available at www.loc.gov or upon request from the publisher.

ISBN: 978-1-64527-024-9 (hardcover)
ISBN: 978-1-64527-025-6 (paperback)
ISBN: 978-1-64527-026-3 (ebook)

Editor: Jenna Trnka
Designer: Michelle Sonnek
Translator: Annette Granat

Photo Credits: Rawpixel.com/Shutterstock, cover; SergiyN/Shutterstock, 1, 24; chrupka/Shutterstock, 3; wavebreakmedia/Shutterstock, 4, 12–13, 15, 16–17, 18–19, 23bl; JGalione/iStock, 5; kali9/iStock, 6–7, 8–9, 23tl, 23br; Luis Molinero/Shutterstock, 10; Marko Aliaksandr/Shutterstock, 11; Catalin Petolea/Shutterstock, 14; asiseeit/iStock, 20–21; karen roach/Shutterstock, 22 (notebook); timquo/Shutterstock, 22 (pen); New Africa/Shutterstock, 23tr.

Printed in the United States of America at Corporate Graphics in North Mankato, Minnesota.

Tabla de contenido

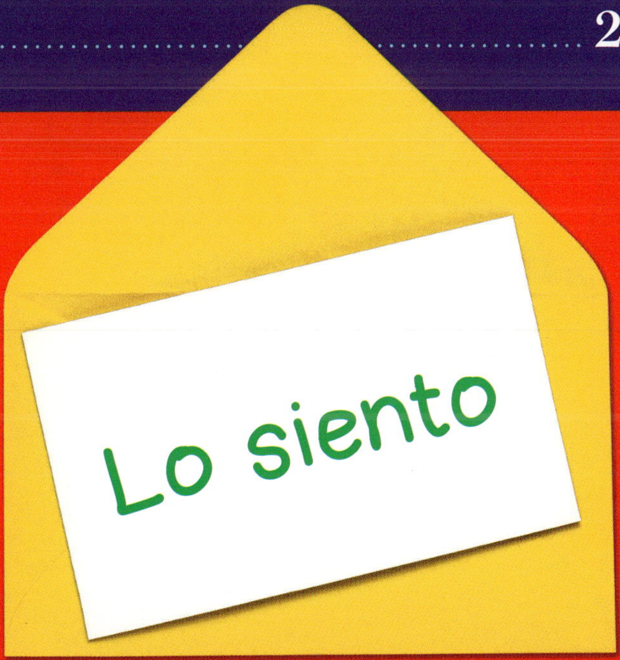

Arreglando discusiones

A veces estamos en desacuerdo.
Quizás discutimos.

Pero lo podemos arreglar.

pelota

Cam no quiere compartir la pelota.

Él y Jordan discuten.

Esto es un conflicto.

¿Cómo lo resuelven?

Jordan se lo pide
de forma educada.

Cam se tranquiliza.

¡Juegan!

Juan está enojado.

¿Por qué?

Tim se lo adelantó en la fila.

Juan se toma un
tiempo aparte.

Él se tranquiliza.

Perdona a Tim.

Lo siento

Quizás quieras
hacer las paces.

¿Cómo?

Di "lo siento".

Owen quiere jugar adentro.

Lex quiere jugar afuera.

Hacen ambas cosas.

¡Qué bonito!

Lou y Rex necesitan ayuda para hacer las paces.

La maestra les ayuda.

Los amigos de Troy están discutiendo.

Él escucha.

Él los ayuda a que digan "lo siento".

¡No discutas!

¡Diviértete!

Reflexiona sobre las resoluciones

Los conflictos pueden ocurrir en cualquier momento. Podemos aprender de ellos. Piensa en los conflictos que has tenido. Haz una lista. ¿Con quién los tuviste? ¿Sobre qué eran? ¿Cómo te sentiste? ¿Tratase de resolverlos? ¿Cómo? ¿Se resolvieron los conflictos? ¿Cómo te sentiste después?

Glosario de las fotografías

conflicto
Un choque o desacuerdo.

discutir
No ponerse de acuerdo cuando se habla sobre algo.

estar en desacuerdo
Tener una opinión distinta.

resolver
Solucionar un desacuerdo o un problema.

Índice

Para aprender más

Aprender más es tan fácil como 1, 2, 3.

1. Visite www.factsurfer.com
2. Escriba "resolverconflictos" en la caja de búsqueda.
3. Haga clic en el botón "Surf" para obtener una lista de sitios web.